Katrin Luber

Plätzchen-Rezepte
Vegan & glutenfrei

Einstieg in die glutenfreie Küche

AF284274

Impressum

© 2022 Luber, Katrin
Herstellung und Verlag: BoD – Books on Demand, Norderstedt
ISBN: 9783756873920

Mail: Info@istdasvegan.eu
Web: Istdasvegan.eu

Wichtiger Hinweis: Alle Informationen in diesem Buch sind sorgfältig recherchiert, ersetzen jedoch keinen Arztbesuch. Falls Sie Beschwerden haben, sollten Sie einen Arzt aufsuchen. Jeder Leser ist für sein eigenes Handeln verantwortlich. Die Autorin kann für eventuelle Nachteile, die aus den im Buch gegebenen Hinweisen erfolgen, keine Haftung übernehmen.

Das eBook enthält Links zu externen Webseiten Dritter, auf deren Inhalt die Autorin keinen Einfluss hat. Deshalb kann diese für die fremden Inhalte auf diesen Seiten keine Gewähr übernehmen. Für die Inhalte der Webseiten ist der jeweilige Betreiber verantwortlich. Die Inhalte der Webseiten können nach einiger Zeit nach Veröffentlichung des Buches veralten oder nicht mehr existieren.

Inhaltsverzeichnis

Vorwort

Hallo, liebe Leserin und lieber Leser,

lieben Dank, dass Sie sich mein Buch gekauft haben!

Um Menschen mit Glutenunverträglichkeiten zu zeigen, dass man sich auch ohne teure Fertigmehle oder Fertigprodukte aus dem Supermarkt gesund und günstig glutenfrei ernähren kann, habe ich dieses kleine Büchlein geschrieben. Es enthält 27 Rezepte, zum Teil aus meinen beiden Büchern Kochen und Backen mit Buchweizen sowie mit Hafer und viele Tipps zur glutenfreien Küche. In Social Media-Gruppen sehe ich immer, dass gerade Einsteiger hier dankbar sind für einen Leitfaden durch die ersten Tage nach der Diagnose.

Viele setzen dann erstmal auf die Fertigmehle der diversen Hersteller, um überhaupt einen Anfang zu finden. Allerdings ist das auf Dauer sehr teuer und nicht gesund, da diese Mehlmischungen zum größten Teil aus billiger Maisstärke bestehen, den sich die Hersteller teuer bezahlen lassen.

Kauft man hingegen die Zutaten mit Weitsicht, zum Beispiel bei einem Biohof in größeren Umverpackungen, kann man hier viel Geld sparen und man hat erstmal einen größeren Vorrat zu Hause. Das ist gerade jetzt ein Vorteil.

Ein weiterer Vorteil ist, dass man so lernt, glutenfrei zu backen, ohne auf die Fertigmehle angewiesen zu sein. Diese Fähigkeit erlaubt es einem, Mehle austauschen zu können, falls eine Sorte mal wieder nicht erhältlich ist.

Da auch der Papierpreis um 70 Prozent gestiegen ist, habe ich das Buch kostengünstig als Taschenbuch ohne Bilder gestaltet. Auf diese Weise profitieren wir alle davon. Wollen Sie lieber ein dickeres Buch mit vielen schönen Bildern haben, empfehle ich meine beiden ersten Bücher.

Ich wünsche Ihnen eine gesellige und gemütliche Adventszeit. Mit diesem Büchlein können Sie auch trotz Unverträglichkeiten mit ihren

Kindern abends schnulzige Weihnachtsfilme gucken, dabei heißen Kakao trinken und Plätzchen futtern. So wie es sein sollte!

Ich wünsche Ihnen viel Spaß beim Nachkochen und -backen meiner Rezepte und vor allem: Guten Appetit!

Frohe Weihnachten!

Bei Fragen kontaktieren Sie mich einfach über die sozialen Netzwerke oder schreiben mir eine Mail über die im Buch angegebene Mailadresse.

Liebe Grüße,

Katrin Luber

Meine Story:
Gesund und fit nach acht Jahren vegane Ernährung!

Ich bin gesund und fit nach acht Jahren vegane Ernährung! Das war aber nicht immer so. Ich erzähle hier, wie ich es geschafft habe, wieder fit und gesund zu werden.

Im Sommer 2014 bin ich relativ viel gewandert, hatte dabei aber immer Schmerzen im großen Zeh des rechten Fußes. Ein Röntgenbild beim Orthopäden zeigte eine beginnende Arthrose und ich bekam Einlagen und Schmerzmittel verschrieben. Ich war damals 38 Jahre alt! Sollte so meine Zukunft aussehen, mit noch mehr Medikamenten und Einlagen in den Schuhen?

Arthrose

Ich recherchierte im Internet und fand heraus, dass die Arachidonsäure in tierischen Produkten, hier vor allem Schweinefleisch, Entzündungen im Körper fördern und auslösen kann. Also kaufte ich mir ein veganes Kochbuch und probierte die ganze Sache für ein paar Wochen aus. Nach einiger Zeit waren die Schmerzen verschwunden und ich konnte die Schuhe wieder ohne Einlagen tragen – auch die Schmerzmittel brauchte ich nicht mehr!

Heuschnupfen & Reflux

Im Frühjahr 2015 hatte ich kaum Heuschnupfen, ich nahm nur noch meine Allergietabletten. Nasenspray und Cortisonspritze gehören der Vergangenheit an. Auch mein Reflux ist weg und ich konnte das Pantozol gegen Sodbrennen wieder in die Apotheke bringen.

Übergewicht

2017 war ich zwar schon wesentlich gesünder geworden und kaum noch erkältet, aber ich hatte immer noch starkes Übergewicht und kratzte an der Marke für Adipositas Grad II mit einem BMI von 34,5 und einem Gewicht von knapp 96 Kilogramm! Eine Freundin bei Twitter empfahl mir das Buch Fettlogik überwinden von Dr. Nadja Hermann. Ich kaufte mir das Taschenbuch, verschlang es in einem Rutsch und fing sofort an mit dem Kalorien zählen und Essen abwiegen, denn nur so kann man zuverlässig abnehmen, alles andere ist Selbstbetrug. Man muss einfach weniger Kalorien zu sich nehmen als man verbraucht.

Nach anderthalb Jahren hatte ich 20 Kilogramm abgenommen und habe die Abnahme viele Jahre erfolgreich gehalten. Momentan habe ich einige Corona-Kilos wieder zugenommen. Auch ich bin nur ein Mensch!

Da ich aber seit Januar 2019 kein Auto mehr habe und überall mit dem Rad hinfahre und Fitness auf einem Minitrampolin mache, habe ich inzwischen viele Muskeln anstelle von Fett.

Schilddrüsenunterfunktion

Im Dezember 2017 zog ich mir eine Verletzung in der Magendarmgegend zu und konnte deswegen ein Jahr lang kein Getreide essen, da dies die Heilung unmöglich gemacht hätte. Da ich keine große Operation wollte, war ich eine sehr brave Patientin und stellte meine Ernährung komplett auf glutenfrei um. Ich achtete penibel darauf, täglich mindestens 35 Gramm Ballaststoffe zu mir zu nehmen und trank jeden Morgen einen Esslöffel in Wasser aufgelöste Flohsamenschalen. Zum Frühstück gab es Müsli mit Obst der jeweiligen Saison, mittags große Mengen Gemüse mit Hülsenfrüchten, Reis und Kartoffeln und abends meistens einen großen Salat mit irgendetwas Eiweißreichem. Meine Diät konnte ich so sehr gut durchhalten.

Vegan und glutenfrei zum Ziel

Ein Jahr später war die Verletzung ausgeheilt. Wie schon gesagt, wog ich zu dem Zeitpunkt bereits 20 Kilogramm weniger. Ich war glücklich und ging zu meinem Hausarzt, in der Hoffnung, dass ich wegen der Abnahme vielleicht meine Schilddrüsentabletten reduzieren konnte, von 75 Mikrogramm auf vielleicht die Hälfte? Aber leider sagte mein Hausarzt, dass ich diese Dosis bitte weiter beibehalten sollte.

Zu der Zeit hatte ich mit meinem Blog gerade eine sehr stressige Phase und ich war innerlich immer sehr angespannt und unruhig. Vor dem

Schlafengehen schluckte ich extra noch Baldrian, da ich anders gar nicht mehr zur Ruhe kam. Im März 2018 war ich für ein Wochenende auf einer Konferenz in Berlin und vergaß die Schilddrüsentabletten zu Hause. Leider erkrankte ich schwer an der echten Grippe und musste noch eine Woche in Berlin bei meinen Eltern bleiben, da ich nicht in der Lage war, Auto zu fahren!

Als ich eine Woche später wieder zu Hause war und die Tabletten wieder einnahm, merkte ich, dass ich sofort wieder so unruhig war, obwohl ich noch zur weiteren Genesung nur auf der Couch lag. Ich rief meinen Vater an, der Arzt ist und bat ihn um Rat – ich hatte keine Lust auf Diskussionen mit meinem Hausarzt. Er riet mir, doch einfach erstmal nur die Hälfte zu nehmen und mit einem Tablettenteiler die Tabletten zu teilen. Dies tat ich und es ging mir besser. Im August war ich wieder sehr urlaubsreif. Ich kam aber nicht auf die Idee, dass das auch wieder an den Schilddrüsentabletten liegen könnte.

Nach einem Wochenende bei meiner Tante hatte ich auf dem Rückweg eine kleine Autopanne mitten in Bremen auf der Autobahn bei fast 40 Grad – Stress pur! Prompt hatte ich drei Tage später eine sehr heftige Herpesinfektion in Kombination mit einer bakteriellen Superinfektion. Nun musste ich zwei Wochen lang hoch dosiert ein Antibiotikum nehmen und Aciclovir, ein Antivirenmittel. Während dieser Zeit vergaß ich wieder, die Schilddrüsentabletten zu nehmen. Ich lag zwar auf der Couch, aber die innere Unruhe war weg, ich konnte wieder gut schlafen.

Kein L-Thyroxin mehr!

Ich machte die Probe aufs Exempel und ließ nun die Schilddrüsentabletten erstmal ganz weg. Sicherheitshalber ging ich zu meinem Hausarzt und erzählte ihm die ganze Geschichte. Er war nicht weiter erstaunt und sagte nur, dass ich sechs Wochen die Tabletten weglassen und wir dann einen Test machen sollten. Auch nach diesen sechs Wochen war mein Schildrüsenwert in Ordnung. Er verschrieb mir zur Sicherheit 25 Mikrogramm-Tabletten, vorher hatte ich 75 Mikrogramm genommen. Ich nahm diese allerdings nur eine kurze Weile, da ich der Meinung war, dass ich sie nicht brauche. Auch kürzlich beim Check-up im Frühjahr 2019 war der Wert in Ordnung. Ich habe ihm aber nicht gesagt, dass ich die Tabletten gar nicht mehr genommen hatte. Er machte auf meinen Wunsch hin auch einen Ultraschall der Schilddrüse und konnte nichts feststellen – sie sah so aus wie sie aussehen sollte.

Seit März 2020 getreidefrei

Im März hatte ich wieder viel Stress und dazu kam noch die Unsicherheit mit der Corona-Pandemie – mein Körper reagierte mit einem Ausschlag am ganzen Körper. Meine Hautärztin verschrieb mir nur eine Cortisonsalbe, die ich mir zwar aus der Apotheke holte, aber nicht anwendete. Stattdessen verzichtete ich auf Getreide und Zucker – sofort bekam ich keine neuen Stellen mehr und die vorhandenen begannen, abzuheilen. Seitdem lebe ich komplett getreidefrei und es geht mir super.

Gründung des Blogs

Ach ja, im September 2015 gründete ich den Blog, den ich sehr journalistisch betreibe, da ich viele Jahre bei der Presse gearbeitet habe. Ich kann kein Blut sehen, aber als Tochter aus einer Arztfamilie kann ich trotzdem nicht aus meiner Haut und interessiere mich leidenschaftlich für gesunde Ernährung, lese sehr viele Fachbücher zum Thema Diabetes, Krebs und viele andere Zivilisationskrankheiten und über die Vorteile einer gesunden Ernährung.

Ich recherchiere aktuelle Studien, die ich nötigenfalls übersetze und für den Blog aufarbeite. Vor Corona besuchte ich Veranstaltungen wie die VegMed in Berlin, eine internationale Konferenz zum Thema Medizin und vegetarisch-vegane Ernährung und ich schrieb im Blog über die Vorträge von internationalen Fachreferenten aus aller Welt.

Gesund und fit nach acht Jahren vegane Ernährung

Meine Lieblingsrezepte, die in der Zukunft vegan und glutenfrei sein werden, stelle ich auch in meinen Blog. Im Januar 2021 ist mein erstes Kochbuch Kochen und Backen mit Buchweizen erschienen, im November Kochen und Backen mit Hafer. 2022 veröffentlichte ich Low Budget-Rezepte Vegan & glutenfrei.

Drei Jahre glutenfrei: Meine Erfahrungen!

Was hat sich bei mir in den letzten Jahren mit glutenfreier Ernährung getan? Wie ich schon beschrieben habe, hatte ich im April 2020 durch starken Stress einen Ausschlag am ganzen Körper und mir überlegt, doch mal etwas Neues auszuprobieren und Zucker sowie glutenhaltige Getreideprodukte für ein paar Wochen wegzulassen und zu gucken, was passiert.

Sie ahnen es sicherlich schon!

Es tat sich eine ganze Menge: Ich bekam keine neuen Flecken mehr und die bestehenden gingen spürbar zurück. Auch meine Verdauung wurde viel besser und ich hatte wirklich das Gefühl, dass mein Magen und Darm nicht mehr so „verklebt" waren vom Gluten. (Das ist meine persönliche Meinung und nicht wissenschaftlich untersucht!) Gluten ist ein Klebereiweiß und sorgt für die hohe Elastizität und gute Verarbeitungsfähigkeit zum Beispiel von Weizenmehl.

Nach ein paar Wochen war alles abgeheilt, es ging mir allgemein viel besser und ich beschloss, diese Ernährungsweise beizubehalten. Kurz darauf fing ich auch schon an, am Buchweizenbuch zu arbeiten und entwickelte immer neue Rezepte und ärgerte mich, warum ich das nicht schon viel früher getan hatte, denn es war gar nicht so kompliziert, wie Sie vielleicht denken.

Gesunde Haare, besseres Hautbild!

In den letzten 20 Jahren hatte ich immer den Wunsch, wieder so gesunde und lange Haare zu haben, wie als Kind und Teenager. Aber leider waren meine Haare zu dünn und nicht gesund genug, um sie wachsen lassen zu können. Unten waren sie sehr dünn und sahen nur kinnlang noch gut aus. Ich musste regelmäßig zum Friseur und sie schneiden lassen.

Dann kamen Corona und der Lockdown und ich beschloss, sie jetzt wachsen zu lassen. Ich schnitt sie mir regelmäßig unten etwas ab, aber sie waren plötzlich viel gesünder, dicker und wurden von Monat zu Monat immer schöner. Ich war sehr glücklich!

Auch mein Hautbild hat sich sehr gebessert, ich habe viel weniger Hautunreinheiten sowie eine glattere Haut. Durch die vegane Ernährung sah ich sowieso schon relativ frisch aus (wurde mir jedenfalls immer gesagt), aber nun sah ich noch jünger aus und ich bekam durch die längeren Haare wieder mehr Blicke von Männern zugeworfen! Welche Frau freut sich da nicht?

Weitere Verbesserungen waren der fehlende Heißhunger, kaum noch Blähungen, keine Bauchkrämpfe und Durchfall mehr sowie ein fitteres Allgemeinbefinden. Durch den fehlenden Heißhunger halte ich das Intervallfasten viel besser durch. Ich kann es also nur empfehlen!

Die verschiedenen Formen der Getreideunverträglichkeit

Als Veganerin, die sich auch noch mittlerweile getreidefrei ernährt, bin ich es inzwischen gewohnt, dass die Leute komisch gucken, wenn ich bestimmte Dinge ablehne mit dem Hinweis auf meine Ernährungsform. Viele Betroffene mit Getreideunverträglichkeiten sind es ebenfalls gewohnt, dass die Leute sie für eingebildete Kranke halten, die irgendwie „cool" erscheinen wollen mit dem Hinweis, dass sie kein Getreide vertragen.

Wir sind übrigens nicht alleine: Der Profi-Tennisspieler Novak Djokovic stellte nach mehreren Zusammenbrüchen im Finale internationaler Turniere seine Ernährung auf glutenfrei um – danach war er quasi nicht mehr zu bremsen: Er gewann 2011 zehn Titel, drei Grand-Slam-Turniere und 43 aufeinanderfolgende Matches. Er spielte somit die erfolgreichste Saison, die jemals im Tennis gespielt wurde. Vorher plagten ihn Atemprobleme und Verletzungen. *(1)*

Wir Betroffene wissen, dass wir uns das nicht einbilden, denn unser Körper sagt uns ziemlich deutlich, dass wir das mit den Brötchen vom Bäcker lieber lassen sollten. Aber Bücher wie Die Weizenwampe oder Dumm wie Brot haben zwar die Bevölkerung für das Thema sensibilisiert, aber eben auch verunsichert und gespalten. Ist da jetzt wirklich etwas dran an der Aussage, dass Weizen und andere Getreidearten uns dumm und fett machen?

Verwirrung und Unsicherheiten herrschen nicht nur bei der breiten Bevölkerung, auch Personen in Gesundheitsberufen, inklusive Ärzte und Fachärzte, sind mit diesen neuen Beschwerden zum größten Teil überfordert. Hier muss noch viel aufgeklärt werden und vor allem müssen Betroffene ernst genommen und nicht als Spinner mit Modekrankheiten abgetan werden. Viele Betroffene leiden lieber still und ernähren sich einfach glutenfrei, bevor sie den Gang zum Arzt wagen, aus Angst und Scham.

Hier muss sich noch viel tun, besonders bei den Hausärzten!

Denn noch immer sind in Deutschland etwa 80 bis 90 Prozent der Zöliakiepatienten nicht diagnostiziert, das heißt, der größte Teil isst nach wie vor Getreide, obwohl er das gar nicht dürfte. Auch hier herrscht noch viel Unwissenheit, denn die Symptome von Zöliakie sind nicht, wie viele Menschen denken, nur Bauchkrämpfe und Durchfälle, sondern eben auch diffuse Beschwerden, die weder Laien noch viele Ärzte einer nicht diagnostizierten Zöliakie anlasten würden.

Hier darf man allerdings den Ärzten keine Vorwürfe machen, denn die vorliegenden klinischen und wissenschaftlichen Befunde sind sehr komplex und vor allem sehr neu. Detlef Schuppan hat hierzu gemeinsam mit seiner Frau Kristin Gisbert-Schuppan im Springer Medizin Verlag ein sehr gutes Fachbuch veröffentlicht: *Tägliches Brot: Krank durch Weizen, Gluten und ATI*. Ich kann es sehr empfehlen, wenn man sich umfassend und vor allem objektiv informieren will, abseits von *Weizenwampe* und Co.

Gluten

Im Weizenkorn sind alle Stoffe vorhanden, die das Korn braucht, um zu Keimen und zu einer Pflanze heranzuwachsen. Ein wichtiger Baustein für das erfolgreiche Wachsen ist das Protein, und davon gibt es im Weizenkorn viele verschiedene. Die Proteine sind für alle Unverträglichkeiten verantwortlich und machen etwa acht bis 13 Prozent des trockenen Gewichtes eines Korns oder Mehls aus. Platzhirsch ist hier das Gluten, da es bis zu 90 Prozent Anteil am Protein hat. Es sorgt für die guten Eigenschaften bei der Verarbeitung und den guten Geschmack sowie für die Bindung des Wassers, Lockerheit und die Fähigkeit von Teig, richtig aufzugehen. In der glutenfreien Bäckerei muss man hier ein bisschen tricksen.

Gluten enthält zwei Aminosäuren, das Prolin und Glutamin, welche bei Zöliakiepatienten die Beschwerden verursachen. Die beiden sorgen dafür, dass unsere Verdauungssäfte das Gluten nicht richtig abbauen können, es bleiben etwa zehn Prozent im Darm zurück, in Form von Glutenpeptiden. Diese werden wie Nährstoffe von der Darmschleimhaut aufgenommen und beeinflussen die Immunzellen von Zöliakiepatienten. Hat ein Mensch keine Zöliakie, werden diese Stoffe einfach ausgeschieden.

Amylase-Trypsin-Inhibitoren (ATI)

Ein Protein im Weizenkorn sind die Amylase-Trypsin-Inhibitoren, abgekürzt ATI. Sie bewirken, dass die Wirkung des Proteins Amylase gehemmt wird, die die Stärke in Glukose aufspaltet und für den Keimling nutzbar macht. Die ATI hemmen auch proteinspaltende Enzyme, hier die Proteasen mit trypsinähnlicher Aktivität.

Trypsin wird bei allen Säugetieren von der Bauchspeicheldrüse freigesetzt und fungiert als Verdauungsenzym im oberen Dünndarm. Die Amylase und Trypsin im menschlichen Verdauungstrakt werden durch die ATI nicht beeinflusst. Sie spielen ihr Potenzial an einer anderen Stelle aus und bewirken hier die ATI-Sensitivität, die häufig noch als Weizensensitivität bezeichnet wird. Da ATI aber in allen Getreidearten außer Hafer vorkommen, ist Weizensensitivität der falsche Ausdruck. Auch die derzeit so beliebten Getreidearten Emmer, Einkorn und Dinkel beinhalten ATI und sollten von Betroffenen gemieden werden.

Zöliakie

Die Zöliakie ist eine sehr schwere entzündliche Darmerkrankung, bei der der Dünndarm von Erkrankten auf Gluten mit einer Entzündung reagiert. Wird die Krankheit nicht behandelt, kann der Darm sogar die Fähigkeit verlieren, Nährstoffe aufzunehmen, was zu Mangelerscheinungen führen kann und diese wiederum zu chronischer Anämie, Osteoporose und Nervenschäden. Sind die Darmzotten geschädigt, kann es Monate oder Jahre dauern, bis sie sich wieder erholt haben. Allerdings geht es vielen Patienten schon nach zwei Wochen streng glutenfreier Ernährung wesentlich besser.

Viele Zöliakiepatienten haben eine genetische Veranlagung für gravierende Autoimmunerkrankungen wie Diabetes-Typ 1, rheumatische Erkrankungen wie rheumatoide Arthritis und autoimmune Schilddrüsenerkrankungen wie Hashimoto oder Morbus Basedow, Sklerodermie, Morbus Behcet, Dermatitis herpetiformis und autoimmune Lebererkrankungen. *(2)*

Wird bei diesen Krankheiten eine Zöliakie nicht entdeckt und behandelt, erhöht sich das Risiko für Dünndarmtumoren und das intestinale T-Zell-Lymphom erheblich, nämlich um das 100-fache. Bei einer Dunkelziffer von bis zu 90 Prozent unentdeckten Betroffenen ist das bedenklich. Das Problem ist hier wie bereits erwähnt, dass viele Menschen bei Zöliakie erst mal an Bauchschmerzen und Durchfälle denken.

Bei Kindern ist es allerdings tatsächlich so, dass sich eine Zöliakie mit Symptomen wie Durchfall, Bauchschmerzen und Blähungen zeigt, oft in Kombination mit Wachstumsstörungen, Quengeligkeit und Untergewicht. *(3)*

Bei kleinen Kindern aus Risikofamilien mit einem Elternteil mit der Diagnose Zöliakie oder Diabetes-Typ 1 könnte eine glutenfreie Ernährung den Ausbruch dieser Krankheiten verhindern oder hinauszögern.

Zöliakiepatienten haben für eine erfolgreiche Behandlung keine andere Wahl, als komplett auf alle Getreidearten zu verzichten. Anders als bei einer ATI-Sensitivität, bei der die Betroffenen zu 90 bis 95 Prozent auf Getreide verzichten müssen, darf hier nicht mal ein kleines Milligramm in den Magen gelangen. Schon bei 20 mg/1000 g Lebensmittel können Beschwerden auftreten. Haushalte mit einem an Zöliakie Erkrankten sollten so umgestellt werden, dass kein Risiko von Haushaltsgegenständen wie Toastern, Besteck, Töpfen oder Schneidebrettern, auf denen sich Reste von Getreide sammeln könnten, ausgehen kann.

Auf Fertigprodukte sowie viele verarbeitete Produkte sollte verzichtet werden, da in fast allen modernen Lebensmitteln Weizen verarbeitet wird. Die Deutsche Zöliakie Gesellschaft e. V. hat die durchgestrichene Ähre als Zeichen eingeführt. Hier sind Patienten auf der sicheren Seite. Allerdings muss auch bei Haferflocken auf eine glutenfreie Kennzeichnung geachtet werden, da Hafer häufig mit den gleichen Maschinen wie Weizen geerntet oder weiterverarbeitet wird.

Weizenallergie

Die Weizenallergie ist eine klassische Allergie, bei der IgE-Antikörper gegen Weizenproteine im Blut nachweisbar sind. Hier sollten Betroffene auf Weizen verzichten.

ATI-Sensitivität (auch bezeichnet als Weizensensitivität)

Relativ neu ist die ATI-Sensitivität, die bisher eher unter den Begriffen Weizensensitivität oder Glutensensitivität bekannt ist. Ärzte sollten hier zuerst eine Zöliakie oder eine Weizenallergie ausschließen, ebenso eine atypische Weizenallergie oder eine Unverträglichkeit gegenüber FOD-MAPs.

In den letzten Jahren sind Mediziner immer häufiger mit Patienten konfrontiert worden, die Weizen nicht vertragen, sodass vor etwa zehn Jahren ein Expertengremium gebildet wurde, dass sich schon mehrfach zu Konferenzen getroffen hat. Bei den Treffen wurden Leitlinien entwickelt hinsichtlich der Definition dieser Erkrankung.

Bei einer Weizensensitivität handelt es sich um eine entzündliche Reaktion des Darms auf die Zufuhr von Weizen. Beschwerden treten innerhalb von wenigen Stunden oder innerhalb von ein bis zwei Tagen auf, verschwinden allerdings auch genauso schnell wieder, wenn auf Getreide verzichtet wird.

Da es sich um eine Reaktion des angeborenen Immunsystems handelt, ist die Weizensensitivität einer Weizenallergie oder Zöliakie verwandt, da diese durch das adaptive, während des Lebens erworbene Immunsystem ausgelöst und durch die T-Zellen vermittelt werden. Neben Darmbeschwerden gehören zur Erkrankung auch unspezifische Allgemeinsymptome wie Erschöpfung, Müdigkeit und Konzentrationsstörungen sowie Kopf-, Glieder und Muskelschmerzen.

Was ist nun so anders bei einer ATI-Sensitivität?

Bei dieser Erkrankung wird das angeborene Immunsystem in den den Darm umgebenden Lymphknoten wesentlich stärker aktiviert als im Darm selbst. Die durch ATI im Darm aktivierten angeborenen Immunzellen verlassen den Darm, wandern in die Lymphknoten und wirken auf die T-Zellen. Diese T-Zellen stammen nach der Theorie von Schuppan aus den Organen, die von chronischen Entzündungen betroffen sind und diese am Leben halten.

So bei multipler Sklerose im zentralen Nervensystem oder bei Rheuma in den Gelenken und chronischen Darmerkrankungen.

Durch den Kontakt mit ATI werden diese Zellen noch aggressiver und verstärken somit die Beschwerden. So erklärt sich auch, dass bei dieser Erkrankung im Darm keine entzündliche Aktivität gemessen werden kann.

Wie bereits erwähnt, hilft hier nur eine glutenfreie Ernährung, dass heißt alle Getreidearten außer Hafer meiden, auch Emmer, Einkorn und Dinkel.

Ist Hafer glutenfrei?

Hafer gehört zwar zu den heimischen Getreidesorten, ist allerdings nicht mit dem Weizen verwandt und enthält kein Gluten. Zöliakiepatienten sollten trotzdem vorsichtig beim Konsum von Hafer sein, da er bei der Ernte und der weiteren Verarbeitung häufig mit glutenhaltigen Getreidesorten kontaminiert wird. Wird er nicht in einer glutenfreien Mühle zu Haferflocken gequetscht, so ist er nicht glutenfrei. Von daher sollten Betroffene immer zu glutenfrei gekennzeichneten Haferprodukten greifen. *(4)*

Gluten besteht hauptsächlich aus den Eiweißgruppen Prolamin und Glutenin. Die für Zöliakiepatienten unverträgliche Gruppe ist das Prolamin, welches reich an den Aminosäuren Prolin und Glutamin ist. Prolamin wird bei Weizen als Gliadin und bei Hafer als Avenin bezeichnet. Welcher Teil des Prolamins für die Schädigung der Darmschleimhaut verantwortlich ist, wissen die Forscher noch nicht.

Zwei Sequenzen mit jeweils vier Aminosäuren stehen im Verdacht, Zöliakie auszulösen. Das Gliadin des Weizens enthält fünf dieser Sequenzen, das Avenin des Hafers nur zwei. Darüber hinaus sind in Hafer nur 1,6g Avenin pro 100g enthalten, bei Weizen sind es etwa sechs Gramm Gliadin. *(5)*

Studien bei Zöliakiepatienten mit Hafer und einem Placebo sind kontrovers. Einige zeigen eine intestinale Immunreaktion und Entzündung auf Hafer und andere nicht. Daher kann nicht ausgeschlossen werden, dass es empfindliche Patienten gibt, die auch Haferprodukte nicht vertragen.

Es gibt auch große Unterschiede im Prolamingehalt und der Aminosäuresequenz zwischen den verschiedenen Hafersorten. Die Lebensmittelindustrie darf Produkte mit Hafer als glutenfrei kennzeichnen, wenn diese den Grenzwert von 20 ppm (20 mg/kg) einhalten. Dies muss in Analysen nachgewiesen werden.

Der verwendete Test ist nicht spezifisch auf die Eiweißbestandteile des Hafers, sondern auf die des Weizens ausgelegt und deshalb sehen einige Wissenschaftler das Verfahren kritisch. *(6)*

Ist Hafer bei Zöliakie erlaubt?

Die Zöliakie gehört zu den wenigen Krankheiten, die ausschließlich über die richtige Ernährung behandelt werden können. Damit der Patient die therapeutischen Effekte einer glutenfreien Ernährung nutzen kann, sollte er ausführlich über die Rolle von Gluten, Nahrungsmittel mit verstecktem Glutengehalt sowie Probleme einer glutenfreien Ernährung aufgeklärt werden.

Aktuell vorhandene Studien zeigen, dass Hafer in geringen Mengen bis zu 70 Gramm täglich und über einen Zeitraum von sechs bis zwölf Monaten nicht zu immunologischen Veränderungen der Dünndarmschleimhaut, zu einem Anstieg der Antikörper oder klinischer Verschlechterung der Symptomatik bei Zöliakiepatienten führt. Eine längere Studie über fünf Jahre zeigte keine negativen Effekte auf Zöliakiepatienten beim Konsum von Hafer. Empfehlungen der finnischen und britischen Zöliakiegesellschaft lassen zwischenzeitlich geringe Mengen an Hafer in der Ernährung von Zöliakiepatienten zu.

Die größten Probleme einer glutenfreien Ernährung sind die unzureichenden ernährungsmedizinischen Kenntnisse über eine glutenfreie Ernährung sowie die suboptimale Beratung durch die behandelnden Ärzte. *(7)*
Ernährt sich ein Patient glutenfrei nach den üblichen Empfehlungen, leidet er bei einem geringen Konsum von Obst und Gemüse durch den fehlenden Anteil von Getreide und den darin enthaltenen Ballaststoffen, häufig unter Verstopfung. Gleicht er das durch eine vermehrte Zufuhr natürlicher Ballaststoffe wie Obst, Gemüse, Leinsamen, Chiasamen oder Flohsamenschalen aus, dürfte seine Verdauung gut funktionieren. Aber es wäre natürlich gut, wenn er auch Hafer essen könnte, da hier vor allem die sehr gesunden Beta-Glucane vorhanden sind. Ist das möglich?

Schaut man sich die bisherigen Studien zu Hafer bei Zöliakie genauer an, fällt auf, dass die Untersuchungen der 50er-Jahre nur an wenigen Patienten und nur mit einer Haferzufuhr über wenige Tage erfolgten.

Damals wurde auch nur der Stuhl der Patienten untersucht, was nichts über die immunologische Beschaffenheit der Dünndarmschleimhaut aussagt.

Erst in den letzten Jahren wurden bei den Studien über drei bis sechs Monate oder auch zwölf Monate spezielle Untersuchungen des Darmes vorgenommen. In der von Janatuinen et al. durchgeführten Untersuchung wurden 52 Patienten mit Zöliakie in Remission (unter sechs bis achtjähriger glutenfreier Ernährung) zwei Gruppen zugeordnet: 26 Personen (18 Frauen, 8 Männer; durchschnittliches Alter 48 Jahre, 8 Jahre unter glutenfreier Ernährung) dienten als Kontrollgruppe und praktizierten weiter eine glutenfreie Ernährung. 26 Personen (17 Frauen, 7 Männer; durchschnittliches Alter 42 Jahre; 6 Jahre unter glutenfreier Ernährung) wurde erlaubt, über Monate neben der glutenfreien Kost zusätzlich täglich etwa 50 Gramm Hafer zu konsumieren.

Bei den Kontrollen nach vier, zwölf und 26 Wochen zeigten sich keine Unterschiede in Gewicht, Blutbild, Eisen-, Kalzium, Folsäurespiegel und keine Änderung in der Dünndarmschleimhaut gegenüber den Ausgangswerten vor Beginn der Haferbelastung und gegenüber der Kontrollgruppe. In einer weiteren Studie wurden 40 Patienten mit neu diagnostizierter Zöliakie in zwei Gruppen eingeteilt, die entweder eine glutenfreie Ernährung einhielten oder über 12 Monate parallel zur glutenfreien Kost zusätzlich durchschnittlich 46,6 Gramm Hafer täglich konsumierten. Auch hier fanden sich bei den Kontrollen keine Unterschiede gegenüber der Kontrollgruppe, die nur eine glutenfreie Ernährung einhielt.

Srinivasan et al. haben eine Studie mit 10 Patienten mit Zöliakie in Remission unter glutenfreier Ernährung durchgeführt. 12 Wochen lang aßen die Teilnehmer zusätzlich 50 Gramm Hafer täglich, mit dem gleichen Ergebnis wie bei den anderen Studien.

Was aber hier anders war, ist, dass zwei der zehn Patienten über sechs Wochen im Anschluss an die Studie täglich 500 mg Gluten konsumierten. In beiden Fallen wurde histologisch ein Rückfall dokumentiert. In einem Fall wurden auch die Anti-Endomysium-Antikörper positiv. So konnte gezeigt werden, dass die Toxizität von 50 Gramm Hafer täglich eindeutig geringer ist als die von 500 mg Gluten.

Abschließend kann man sagen, dass die Zöliakiegesellschaften der meisten Länder noch zurückhaltend sind bei der Frage, ob Hafer in der Ernährung von Patienten mit Zöliakie erlaubt werden kann oder nicht. Lediglich die finnische und britische Zöliakiegesellschaft sprechen sich bereits für moderate Mengen von Hafer zur glutenfreien Ernährung aus. *(8)*

Maismehl und Stärke in glutenfreien Produkten: Alles andere als gesund!

Eine glutenfreie Ernährung bietet viele gesundheitliche Vorteile, ist aber genau wie eine vegane Ernährung nicht automatisch gesünder. Denn man kann sich glutenfrei wie auch vegan mit vielen Fertigprodukten ernähren oder viel selbst und frisch kochen und backen. Denn sonst fehlen dem Körper wichtige Vitamine, Mineralstoffe und vor allem Ballaststoffe.

Denn sehr viele als glutenfrei gekennzeichneten Produkte enthalten viele Zusatzstoffe. Die glutenfreien Brote aus der Industriefertigung sind zum Beispiel voll mit Enzymen, Konservierungsmitteln sowie Emulgatoren, Verdickungs- und Backtriebmittel, damit der Teig von den Maschinen auch verarbeitet werden kann.

Die Industrie lässt sich die Beschaffung von den glutenfreien Zutaten für Zöliakiepatienten auch ordentlich bezahlen, denn ein glutenfreier Müsliriegel kostet zum Beispiel mehr als dreimal, Waffeln kosten mehr als sechsmal soviel wie die glutenhaltige Variante. Dabei kann man Waffeln so einfach und schnell glutenfrei selber machen. Im Durchschnitt kosten glutenfreie Produkte mehr als das Doppelte als die klassische Variante.

Geringer Anteil von Ballaststoffen

Maismehl wurde früher von den Inka und Maya häufig mit eiweißreichen Bohnen kombiniert, da im Maismehl wichtige Aminosäuren (Eiweißbausteine) fehlen. Durch die Kombination mit Bohnen werden dem Körper alle essenziellen Aminosäuren zugeführt. In Lateinamerika und in den USA wird Maismehl daher heute auf eine spezielle Weise behandelt, um den Mangel auszugleichen.

Essen Menschen mit Zöliakie viele glutenfreie Produkte, nehmen sie eine große Menge an Mais auf, denn viele dieser Produkte bestehen zum größten Teil aus Maisstärke. Gutes Design und Werbung spezialisierter Firmen versprechen wahre Nährstoffwunder – in Wirklichkeit enthalten die Lebensmittel vor allem Maisstärke.

Maisstärke ist für Menschen mit Zöliakie gut verträglich, besteht aber quasi nur aus Kohlenhydraten ohne Ballaststoffe, denn diese wurden bei der Herstellung entfernt. Der Körper wandelt diese Kohlenhydrate gleich in Zucker um, was für einen raschen Anstieg und anschließenden Abfall des Blutzuckerspiegels sorgt – Heißhungerattacken sind die Folge. Maisstärke liefert damit „leere Kohlenhydrate", die unter anderem Übergewicht und Diabetes begünstigen. Produkte mit Bio-Vollkornmais sind hier besser, werden jedoch nur sehr selten angeboten.

Daher empfehle ich, lieber ab sofort glutenfreies Brot oder den Kuchen selbst zu backen. So können sie sich selbst aussuchen, was drin ist und zum Beispiel auch geraspeltes Gemüse, Nüsse, Samen oder Kartoffeln verwenden.

Glutenfrei backen

Auch wenn man es nicht glauben kann, aber aus Buchweizen kann man wunderbare Kekse backen. Man muss das Buchweizenmehl nur mit Reismehl oder einem anderen glutenfreien Mehl mischen und etwas Flohsamenschalen hinzufügen, schon kann man fast alle Rezepte glutenfrei gestalten. Grundsätzlich kann man festhalten, dass man am besten fährt, wenn man zwei Drittel glutenfreie Mehle und zu einem Drittel ein glutenfreies Stärkemehl verwendet, zu dem man noch ein Bindemittel braucht. Als solches nehme ich zum Beispiel Flohsamenschalen.

Hat man sich erst mal mit den Grundlagen vertraut gemacht, ist das glutenfreie Backen ganz einfach. Auch vegan ist heutzutage gar kein Problem mehr. Es gibt veganen Skyr, den man als Quark verwenden kann.

Ein Esslöffel Sojamehl mit zwei Esslöffeln Wasser vermischt, ersetzt das Hühnerei, so wie Margarine die Butter.

Für die glutenfreie Backkunst eignen sich Mehle von Buchweizen, Hirse, Mandeln, Mais, Teff, Reis, Kokos, glutenfreiem Hafer und Amaranth. Will man besonders nahrhafte Muffins haben, sollte man zur Hälfte oder einem Drittel statt den oben beschriebenen Mehlen einfach proteinhaltige Zutaten verwenden wie Quark, Joghurt, Kichererbsenmehl, Samen wie Lein- oder Chiasamen und Nüsse.

So machen die Muffins länger satt und liefern viel Eiweiß und Ballaststoffe. Ballaststoffe liefern vor allem glutenfreie Haferflocken, Buchweizenflocken, Haferkleie, Leinsamen, Flohsamenschalen und vor allem Gemüse! Dazu beispielsweise eine Zucchini raspeln, in ein sauberes Baumwolltuch geben und den Saft ausdrücken. Die Raspeln können nun zum Teig gegeben werden.

Auch gute Fette und Öle aus Pflanzen liefern gute Fettsäuren und halten lange satt. Reife Bananen und Datteln können als Ersatz für Zucker verwendet werden. Das Beste am glutenfreien Backen ist, dass man viele Teige mit dem Schneebesen rühren kann oder mit dem Knethaken des Handrührgeräts. Aufwändiges Kneten und der Einsatz von super teuren Küchenmaschinen fällt weg.

Tipp: Glutenfreie Mehle lassen sich sehr günstig selbst herstellen, wenn man einen guten Mixer oder Thermomix hat. Einfach Buchweizen oder Haferflocken einfüllen und mahlen, schon hat man wunderbares Mehl für wesentlich weniger Geld als im Laden.

Amaranth: Er gehört zu den Fuchsschwanzgewächsen, hat einen nussigen Geschmack und lässt sich wunderbar mit anderen glutenfreien Mehlen kombinieren.

Buchweizenmehl: Buchweizen ist ein Knöterichgewächs. Er ist besonders gesund und seine Inhaltsstoffe Rutin und Quercetin werden bei der Behandlung vieler Krankheiten eingesetzt. Das Mehl kann einzeln oder in Kombination mit anderen Mehlen eingesetzt werden.

Hafermehl: Hafermehl wird aus Haferflocken gewonnen und eignet sich sehr gut für Brote und Backwaren. Menschen mit Zöliakie sollten auf als glutenfrei gekennzeichnetes Mehl zurückgreifen, da Hafer bei der Ernte oder weiteren Verarbeitung kontaminiert werden kann.

Hirse: Er gehört zur Familie der Süßgräser, hat einen nussigen Geschmack und ist gut mit anderen Mehlen mischbar.

Kokosmehl: Kokosfleisch wird hierfür entölt, getrocknet und gemahlen. Es ist reich an Protein und Ballaststoffen. Hier sollte man darauf achten, dass die weiteren Zutaten zum Kokosmehl passen.
Mandelmehl: Wird viel Mandelmehl verwendet, schmecken die Produkte leicht nach Marzipan, das sollte bedacht werden.

Maismehl: Es lässt sich gut mit anderen Mehlen kombinieren und bleibt etwas feinkörnig. Es gibt auch alte Maissorten, die gesünder sind und richtig gut schmecken.

Reismehl: Reismehl ist für mich ein Allroundtalent, da man es wunderbar quasi mit allen glutenfreien Mehlen mischen kann und es relativ neutral schmeckt. Wem zum Beispiel der Geschmack von Buchweizen am Anfang zu stark ist, der kann es ideal mit Reismehl mischen.

Teffmehl: Hat einen haselnussartigen Geschmack und kann gut unterge-mischt werden.

Glutenfreie Basiszutaten

Bindemittel: Guarkernmehl, Johannisbrotkernmehl sowie Flohsamen-schalen sind wegen ihrer Fähigkeit, Flüssigkeiten zu binden wichtig als Ersatz für einen Kleber, also für Gluten, in der glutenfreien Backstube.

Süßungsmittel: Zucker, Rohrzucker, Birkenzucker, Kokosblütenzucker, Agaven- oder Ahornsirup sowie Datteln, Trockenfrüchte und reife Bana-nen.

Stärke: Kartoffelstärke verleiht den Backwaren eine schöne Textur sowie Saftigkeit. Maisstärke kann auch verwendet werden, allerdings ist diese nicht besonders gesund.

Backtriebmittel: Backpulver erst zum Schluss zum Teig geben. Diese Tei-ge brauche keine Gehzeiten sondern können gleich verarbeitet werden.

Nussersatz für Allergiker

Allergiker können als Ersatz für Nüsse Chia- oder Leinsamen, Küsbis-kerne, Mohn, Sesam, Erdmandeln, Kokosraspel, Sonnenblumenkerne, Pinien, Esskastanien oder Bucheckern nehmen.

Vegan backen ist gar nicht so schwer, auch viele Allergiker profitieren von rein pflanzlichen Rezepten. Weihnachten ist die Zeit der Besinnlichkeit. Familien finden zusammen, es werden Geschenke ausgesucht und Wünsche erfüllt. Auch das Backen gehört dazu. Doch wenn Brüder, Schwestern, Onkel und Tanten aufeinandertreffen, kann es schwer sein, jeden zufriedenzustellen. Hier gibt es einige Tipps, die das Backen für die Familie erleichtern. Denn ganz gleich, ob vegan, laktoseintolerant oder allergisch gegen Hühnereiweiß – werden pflanzliche Zutaten statt Kuhmilch, Eier und Butter verwendet, ist für jeden etwas dabei.

Wer ohne tierische Produkte backen möchte, muss nicht auf komplizierte Rezepte oder spezielle Produkte zurückgreifen – veganes Backen ist kinderleicht. Rezepte gibt es zum Beispiel in meinen Büchern!

Generell ohne Milch und Ei: Ein Blick in die Rezepte klassischer Weihnachtsplätzchen verrät, dass gerade Backwerk auf Mürbeteigbasis, wie z. B. Vanillekipferl, ohnehin ohne Ei und in der Regel ohne Milch hergestellt wird. Lediglich die Butter muss noch zu gleichen Teilen gegen eine pflanzliche Alternative ausgetauscht werden. Hierfür eignet sich neben Margarine auch ein mildes Oliven-, Mandel- oder ungeröstetes Sesamöl. Gerade bei Weihnachtsgebäck kann auch Nussmus anstelle von Butter verwendet werden.

Schon immer vegan: Apfel- und andere Früchtebrote, die wieder vermehrt Einzug in die Weihnachtsbäckerei halten, sind in der klassischen Variante immer rein vegan. Meist werden hier frische geriebene Äpfel oder getrocknete Früchte mit reichlich Gewürzen sowie Nüssen, Mehl und Hefe oder Sauerteig wahlweise mit Wasser oder Saft vermengt.

Pflanzendrinks statt Kuhmilch: In Super- oder Biomärkten und Discountern gibt es heutzutage eine große Auswahl an Pflanzendrinks aus Getreide, Nüssen, Mandeln oder Hülsenfrüchten. Für Plätzchen eignet sich in der Regel jede Sorte. Bei Gebäck wie Kuchen, für den größere Mengen Milch ausgetauscht werden, empfiehlt sich Sojadrink aufgrund der guten Backeigenschaften.

„Eischnee" aus Kichererbsenwasser: Eine der besten Alternativen für Eischnee ist Kichererbsenwasser, auch „Aquafaba" genannt. Die Flüssigkeit aus einem Glas oder einer Dose gekochter Kichererbsen lässt sich direkt oder etwas eingekocht wie Eischnee aufschlagen und für Kokos- oder Nussmakronen verwenden. Sie eignet sich auch für Glasuren (Eiweißspritzglasur = „Royal Icing") zur kunstvollen Plätzchendekoration oder zum Zusammensetzen von Lebkuchenhäusern. Drei Esslöffel Kichererbsenwasser entsprechen ungefähr einem Eiweiß.

Glanz dank Hafer- oder Sojacuisine: Verlangt das Rezept etwas Eigelb zum Einstreichen, verwenden Sie ganz einfach etwas Hafer- oder Sojacuisine (vegane Sahnealternativen). Mit einem Pinsel vor dem Backen aufgetragen, verleihen sie Gebäck wie Bethmännchen und Co. einen feinen Glanz. Auf diese Weise lassen sich auch halbierte Mandeln oder gehackte Nüsse vor dem Backen fixieren.

Eier leicht austauschen: Plätzchenrezepte mit Eiern lassen sich im Handumdrehen in eine vegane Variante verwandeln. Mürbeteigkekse kommen, wenn die Rezeptur überhaupt Eier vorsieht, einfach ohne diese aus. Etwas mehr Fett und ein paar Esslöffel Pflanzendrink reichen aus, falls der Teig etwas zu trocken für die Verarbeitung ist. Für Teige, die Bindung und Geschmeidigkeit brauchen, damit sie sich beispielsweise zu Kringeln oder Kugeln formen lassen, eignen sich ein Esslöffel Tapiokastärke oder Pfeilwurzelmehl kombiniert mit zwei bis drei Esslöffeln Pflanzendrink pro Ei. Bei knusprigem Gebäck sind gemahlene und mit

Wasser angerührte (Gold-) Leinsamen ideal für die notwendige Bindung. Zudem liefern sie Ballaststoffe und Omega-3-Fettsäuren. Für feines Gebäck, das beispielsweise zu dünnen Röllchen geformt werden soll, kann Seidentofu als Eialternative verwendet werden. Für saftiges Gebäck wie Lebkuchen eignet sich Apfelmus oder manchmal auch Marzipanrohmasse.

Honig nur für Bienen: Für Lebkuchen, Honigkuchen, Basler Leckerli und Co. kann Honig zu gleichen Teilen mit Agavendicksaft, Ahornsirup oder anderen rein pflanzlichen, flüssigen Süßungsmitteln ausgetauscht werden. Auch hier gibt es je nach Vorliebe und passend zum Gebäck verschiedene Sorten, die unterschiedlich kräftig in Farbe und Geschmack sind. Apfel- oder Birnendicksäfte verleihen dem Gebäck zudem eine fruchtige Note.

Plätzchen vegan dekorieren: Bunte Plätzchendekorationen können Läuseausscheidungen oder zerdrückte Läuse enthalten. Ein Blick aufs Etikett verrät, ob Stoffe wie Schellack, Bienenwachs oder „echtes Karmin" (E120) enthalten sind. Im Biomarkt finden sich rein pflanzliche Dekorationen, die aus natürlichen Pflanzenauszügen hergestellt wurden.

Alternativ eignen sich auch Produkte wie gehackte Nüsse, Gewürzblüten, mit Fruchtpulver gefärbter Puderzucker oder vegane Schokolade für die Plätzchendekoration.

Konfitüre und Gelee ganz ohne Gelatine: Mit Konfitüre oder Gelee gefüllte Plätzchen sind für viele ein Klassiker. Auch wenn man es anders vermuten kann, wird hierfür keine Gelatine benötigt. Fertig gekaufte und auch mit Gelierzucker selbst gemachte Konfitüre wird nur mit Hilfe von Pektin fest. Das ist und war schon immer rein pflanzlich.

Bei Schokolade einfach zur richtigen Sorte greifen: Dunkle Schokolade und Kuvertüre sind in vielen Fällen (ab ca. 50 Prozent Kakaoanteil) vegan. Hier empfiehlt sich ein kurzer Blick aufs Etikett. Hellere oder weiße Sorten gibt es z.B. auf Reismilchbasis im Bio- oder Drogeriemarkt, in gut sortierten Supermärkten und in Onlineshops.

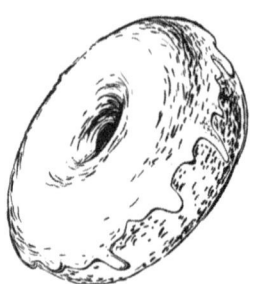

Rezepte

Plätzchen & Kekse

Brownies

Zutaten für eine Brownies-Backform:

230 g Zartbitterschokolade
130 g Margarine
140 g Hafermehl
210 g Zucker
½ TL Backpulver
Prise Salz
1 Pck. Vanillezucker
3x Eiersatz nach Wahl

Von der Zartbitterschokolade 200 g mit 120 g Margarine zum Schmelzen bringen, verrühren und etwas abkühlen lassen. Die restliche Schokolade zerkleinern. Mehl mit dem Backpulver und dem Salz vermischen. Eiersatz, Zucker und Vanillezucker schaumig rühren und die lauwarme Schokoladenmasse hinzufügen. Die Mehlmischung dazugeben und alles vorsichtig zu einem Teig verrühren, die Schokoladenstückchen unterheben.

Eine Brownies-Backform in der Größe 23 x 23 Zentimeter mit der restlichen Margarine fetten, den Teig hineingeben und glatt streichen. Auf der mittleren Schiene etwa 25 Minuten in den auf 180 °C Ober- und Unterhitze vorgeheizten Backofen geben. Nach dem Abkühlen in 16 Vierecke schneiden und nach Bedarf vorher verzieren mit Kuvertüre oder Ähnlichem.

Sehr gut zum Einfrieren geeignet. Nach dem Einfrieren kurz antauen lassen und mit einer Kugel Vanilleeis servieren.

Cantuccini

20 min zubereiten, 15 min kühlen, 27 min backen

Zutaten

85 g Hafermehl
85 g Reismehl
85 g Speisestärke
1 EL Flohsamenschalen
1 gestr. TL Backpulver
150 g Zucker
1 Päckchen Vanillezucker
2 gestr. TL Lebkuchengewürz
1 Msp. Kardamom
1 Msp. Zimt
4 EL Apfelmus
25 g Margarine
30 g Pistazien, ganz
30 g Pistazien, gehackt
80 g getrocknete Cranberrys

Mehl, Flohsamenschalen, Zucker, Vanillezucker, Backpulver und Gewürze miteinander vermengen, dann Apfelmus und Margarine zugeben und zuerst mit den Knethaken, dann mit den Händen weiter zu einem geschmeidigen Teig verarbeiten. Zum Schluss Cranberrys und Pistazien hinzufügen. Den Teig für eine Viertelstunde im Kühlschrank lagern. In der Zwischenzeit den Ofen auf 175 °C Ober- und Unterhitze vorheizen.

Teig aus dem Kühlschrank nehmen und in vier Teile teilen. Jeden Teil zu einer Rolle formen, etwas flach drücken und auf ein mit Backpapier ausgelegtes Backblech legen. Für 15 Minuten backen. Die Teigrollen aus dem Backofen nehmen und auskühlen lassen. Dann jede Rolle schräg in etwa einen Zentimeter dicke Scheiben schneiden und zurück auf das Backblech legen. Nochmal für etwa zwölf Minuten backen und danach im geöffneten Ofen gut durchtrocknen lassen. Die fertigen Cantuccini in einer Metalldose aufbewahren.

Cranberry-Kekse

Dauer: 30 min Zubereitung, 30 min quellen, 15 min backen

Zutaten für 30 Kekse

85 g Buchweizenmehl
85 g Reismehl
85 g Speisestärke
1 EL Flohsamenschalen
2 Vanilleschoten
100 g Margarine
4 EL Apfelmus als Eiersatz
175 g Zucker
1 Prise Salz
2 TL Backpulver
150 ml Pflanzenmilch
225 g Cranberries

Den Backofen 150 bis 170 °C Ober- und Unterhitze vorheizen. Die Vanilleschoten längs aufschneiden und das Mark mit einem spitzen Messer herauskratzen. Die Margarine mit dem Zucker in einer Schüssel schaumig aufschlagen. Das Apfelmus, das Vanillemark und das Salz hinzufügen und vermischen.

Die trockenen Zutaten abwiegen und in einer Schüssel verrühren. Mit den Zutaten aus der anderen Schüssel verrühren. Die Cranberries eventuell etwas kleinhacken und unter die Masse heben. Den Teig etwa 25 bis 30 Minuten stehenlassen, damit sich die Zutaten verbinden. Anschließend mit den Händen Kekse formen und auf ein Backbleck mit Backpapier legen.

Die Kekse etwa 15 Minuten backen und anschließend auf einem Kuchengitter abkühlen lassen. Nach dem Abkühlen nicht in Metalldosen aufbewahren, da diese Kekse zu feucht sind und sonst anfangen, zu schimmeln. Am besten gleich genießen :)

Espresso-Kekse

Dauer: 30 min Zubereitung, 30 min quellen, 15 min backen

Zutaten für 20 Kekse

30 g Hafermehl (glutenfrei)
30 g Reismehl
70 g Speisestärke
1 EL Flohsamenschalen
2 TL Backpulver
0,5 TL Natron
75 g Zucker
1 Prise Salz
4 EL Apfelmus
100 g flüssige Margarine
75 ml Espresso

Topping:

3 EL Puderzucker
Etwas Espresso

Den Backofen auf 170 °C Ober- und Unterhitze vorheizen. Die trockenen Zutaten abwiegen und vermischen. Das Apfelmus, die Margarine und den Espresso hinzufügen und mit den Quirlen des Handrührgerätes zu einem Teig verarbeiten.

Den Teig etwa 25 bis 30 Minuten stehenlassen, damit sich die Zutaten verbinden. Anschließend mit den Händen Kekse formen und auf ein Backblech mit Backpapier legen. Die Kekse etwa 15 Minuten backen und anschließend auf einem Kuchengitter abkühlen lassen. Nach dem Abkühlen den Puderzucker mit wenig Espresso vermischen, bis eine schöne Glasur entsteht und diese auf den Keksen verteilen. Trocknen lassen und nicht in Metalldosen aufbewahren, da diese Kekse zu feucht sind und sonst anfangen, zu schimmeln. Am besten gleich genießen :)

Flockenkekse

Zutaten für 30 Kekse:

50 g Margarine
120 g Buchweizenflocken
2 EL Buchweizenmehl
2 EL Wasser
125 g Zucker
1 EL Sojamehl mit 2 EL Wasser verrührt
1 Prise Salz
1 TL Backpulver
0,5 TL Lebkuchengewürz
1 TL Zimt

Den Backofen 150 bis 170 °C Ober- und Unterhitze vorheizen.

Die trockenen Zutaten abwiegen und verrühren. Die
Margarine in einem kleinen ofenfesten Schälchen im heizenden Backofen schmelzen und zu den Zutaten geben. Das Sojamehl anrühren und
hinzufügen. Rühren, bis ein glatter Teig entstanden ist.

Mit zwei Esslöffeln wie beim Falafelbacken kleine Häufchen formen und
auf ein Blech mit Backpapier geben. Zwischen den Keksen etwas
Abstand lassen, da die Kekse beim Backen auseinander gehen.

Die Kekse etwa 15 Minuten backen und anschließend auf einem Kuchengitter abkühlen lassen. Nach dem Abkühlen in Metalldosen aufbewahren.

Haferkekse

Dauer: 30 min zubereiten, 15 min backen

Zutaten für 30 Kekse:

50 g Margarine
120 g Haferflocken
2 EL Hafermehl
2 EL Wasser
125 g Zucker
1 EL Sojamehl mit 2 EL Wasser verrührt
1 Prise Salz
1 TL Backpulver
0,5 TL Lebkuchengewürz
1 TL Zimt
Den Backofen 150 bis 170 °C Ober- und Unterhitze vorheizen.

Die trockenen Zutaten abwiegen und verrühren. Die Margarine in einem kleinen ofenfesten Schälchen im heizenden Backofen schmelzen und zu den Zutaten geben. Das Sojamehl anrühren und hinzufügen. Rühren, bis ein glatter Teig entstanden ist.

Mit zwei Esslöffeln, wie beim Falafelbacken, kleine Häufchen formen und auf ein Blech mit Backpapier geben. Zwischen den Keksen etwas Abstand lassen, da die Kekse beim Backen auseinander gehen.

Die Kekse etwa 15 Minuten backen und anschließend auf einem Kuchengitter abkühlen lassen. Nach dem Abkühlen in Metalldosen aufbewahren.

Alternative:

50 g Haferflocken, 50 g Kokosflocken, 50 g Reismehl, 50 g Maismehl, 80 g Margarine, 50 Sojajoghurt, 40 g Zucker

Kekse mit Kürbis und Haselnüssen

Dauer: 30 min Zubereitung, 30 min quellen, 15 min backen

Zutaten für 30 Kekse

2 unbehandelte Orangen
1 Vanilleschote
350 g Kürbisfleisch
75 g Zucker
2 EL Sirup nach Wahl
4 EL Apfelmus
2 EL Sojajoghurt
60 g Buchweizenmehl
60 g Reismehl
50 g Speisestärke
1 EL Flohsamenschalen
2 TL Backpulver
0,5 TL Nelkenpulver
0,5 TL Ingwerpulver
2 TL Backkakao
2 bis 3 EL gehackte Haselnüsse

Den Backofen 150 bis 170 °C Ober- und Unterhitze vorheizen.

Die Orangen heiß waschen und abtrocknen, die Schale abreiben und die Früchte auspressen. Die Vanilleschote längs halbieren. Das Kürbisfleisch in Würfel schneiden und zusammen mit der Vanilleschote und dem Saft in einem kleinen Topf bei niedriger Hitze für 10 Minuten köcheln. Die Schote aus dem Topf entfernen, den Kürbis pürieren und in einer Schüssel etwas abkühlen lassen.

Die trockenen Zutaten verrühren und mit dem Püree vermischen. Den Teig 30 Minuten stehenlassen, damit sich die Zutaten verbinden. Mit den Händen Kekse formen und auf ein Backbleck mit Backpapier legen. Die Kekse 15 Minuten backen und auf einem Kuchengitter abkühlen lassen. Danach nicht in Metalldosen aufbewahren, da diese Kekse zu feucht sind und sonst anfangen, zu schimmeln. Gleich genießen!

Lebkuchen

Dauer: 30 min Zubereitung, 20 min backen

Zutaten für ein Blech

12 EL Apfelmus als Eiersatz
2 EL Flohsamenschalen
180 g brauner Zucker
2 EL Sirup nach Wahl
1 TL Zimt
2 TL Lebkuchengewürz
1 Prise Salz
250 g gemahlene Mandeln
250 g gemahlene Haselnüsse
100 g gehackte Mandeln
100 g Mandelstifte
100 g gehackte Haselnüsse
200 g Puderzucker
6 EL Rum, optional Rumaroma (ist alkoholfrei)
1 Handvoll Mandeln ohne Haut

Den Backofen auf 175 °C Ober- und Unterhitze vorheizen. Die Nüsse in einer Pfanne leicht anrösten. Das Apfelmus mit dem Zucker und dem Sirup vermischen und etwas cremig aufschlagen. Gewürze, Flohsamenschalen und gemahlene Nüsse unterrühren.

Den Teig flach auf ein mit Backpapier belegtes Backblech streichen und mit den Mandeln ohne Haut dekorativ belegen. Im vorgeheizten Backofen auf der mittleren Schiene etwa 20 Minuten backen.

Den Lebkuchen etwas abkühlen lassen. Puderzucker und Rum zu einer Glasur vermischen und den fertigen Lebkuchen damit bestreichen. Abschließend in rautenförmige Stücke schneiden. In einer Metalldose aufbewahren.

Macadamia Chocolate Chip Cookies

Dauer: 15 min Zubereitung,30 min quellen, 15 min backen

Zutaten für 8 Kekse:

70 g Zartbitterschokolade mit 50 %
50 g Macadamianüsse
85 g Buchweizenmehl
85 g Reismehl
80 g Speisestärke
1 EL Flohsamenschalen
125 g Zucker
100 g Margarine
1 Prise Salz
1 TL Backpulver
50 g Pflanzenmilch
0,5 TL gemahlene Vanille

Den Backofen 150 bis 170 °C Ober- und Unterhitze vorheizen.

Schokolade und Nüsse grob hacken. Die trockenen Zutaten abwiegen und verrühren, mit Sojamilch und Margarine verrühren und mit den Knethaken des Handrührgerätes zu einem Teig verarbeiten. Nüsse und Schokolade unterheben.

Den Teig entweder ausrollen und die Cookies ausstechen oder den Teig mit den Händen in acht gleich große Kekse formen.

Die Kekse etwa 15 Minuten backen und anschließend auf einem Kuchengitter abkühlen lassen. Danach nicht in Metalldosen aufbewahren, da diese Kekse zu feucht sind und sonst anfangen, zu schimmeln. Gleich genießen!

Mandelkekse

Dauer: 10 min zubereiten, 10 min backen

Zutaten für 25 Stück:

100 g Haferflocken
75 g Hafermehl
125 g Margarine
120 g Zucker, braun
1 Tüte Vanillezucker
1x Eiersatz nach Wahl
1 Prise Salz
90 g gehackte Mandeln
1 TL Backpulver
3 EL Puderzucker

Optional Rosinen hinzufügen

Die Margarine mit dem Zucker und dem Vanillezucker schaumig aufschlagen, den Eiersatz und das Salz hinzufügen und alles vermischen.
Das Mehl mit dem Backpulver, den Mandeln und den Haferflocken
mischen und portionsweise unter die Masse rühren.

Den Backofen auf 180 °C Ober- und Unterhitze vorheizen. Ein Backblech
mit Backpapier auslegen. Kugeln formen und platt drücken. Die Kekse
auf der mittleren Einschubleiste des Backofens etwa zehn Minuten bei
Ober-/Unterhitze backen. Auf einem Kuchenrost auskühlen lassen und
mit Puderzucker bestäuben.

Nusskekse

Zutaten für 20 Kekse:

300 g Margarine
100 g Buchweizenmehl
100 g Hafermehl (glutenfrei)
350 g gemahlene Nüsse nach Wahl
150 g Zucker
2 Pck. Vanillezucker
2 EL Sojamehl mit 4 EL Wasser verrührt
1 Prise Salz
2 TL Backpulver
0,5 TL Lebkuchengewürz
1 TL Zimt
3-4 Handvoll ganze Haselnüsse

Den Backofen auf 150 bis 170 °C Ober- und Unterhitze vorheizen.

Mehl abwiegen und mit den trockenen Zutaten verrühren. Die Margarine in einem kleinen ofenfesten Schälchen im heizenden Back-ofen schmelzen und zu den Zutaten geben. Das Sojamehl anrühren und hinzufügen.

Mit den Händen Kekse formen und auf ein Backblech mit Backpapier geben. Wer will, kann nun noch auf jeden Keks eine ganze Haselnuss drücken. Die Kekse etwa 15 Minuten backen und anschließend auf ei-nem Kuchengitter abkühlen lassen. Nach dem Abkühlen in Metalldosen aufbewahren.

Nusskekse mit Möhren

Dauer: 30 min Zubereitung, 30 min quellen, 15 min backen

Zutaten für 20 Kekse:

250 g Möhren
100 g gemahlene Haselnüsse
50 g Mohn
2 TL Zitronenschale
1 EL Zitronensaft
0,5 TL Nelkenpulver
0,5 TL Zimtpulver
100 g Margarine
70 g Reismehl
70 g Hafermehl (glutenfrei)
70 g Speisestärke
1 EL Flohsamenschalen
1 Prise Salz
2 TL Backpulver
0,5 TL Natron
2 EL Apfelmus
150 g Zucker
200 g Sojajoghurt
Puderzucker

Den Backofen auf 150 bis 170 °C Ober- und Unterhitze vorheizen.

Möhren putzen, schälen und fein raspeln. Mit Nüssen, Möhren, Zitronenschale und Saft sowie Nelken- und Zimtpulver gut vermischen. Mehl mit den trockenen Zutaten verrühren. Die Margarine schmelzen, mit Apfelmus und Joghurt zum Mehl geben.

Den Teig 30 Minuten stehenlassen, damit sich die Zutaten verbinden. Mit den Händen Kekse formen und auf ein Backbleck mit Backpapier legen. Die Kekse etwa 15 Minuten backen und anschließend auf einem Kuchengitter abkühlen lassen. Nicht in Metalldosen aufbewahren, da diese Kekse zu feucht sind und sonst anfangen, zu schimmeln.

Dauer: 30 min Zubereitung, 30 min quellen, 15 min backen

Zutaten für 20 Kekse:

100 g Margarine
70 g Zucker
6 EL Apfelmus
1 Päckchen Vanillezucker
50 g Reismehl
50 g Hafermehl (glutenfrei)
50 g Speisestärke
1 EL Flohsamenschalen
1 TL Backpulver
0,5 TL Natron
75 ml Pflanzenmilch
2 EL Mohn
1 TL Zitronenschale

250 g Puderzucker
4-5 EL Zitronensaft
Lebensmittelfarbe nach Wahl

Den Backofen auf 150 bis 170 °C Ober- und Unterhitze vorheizen.

Margarine mit dem Zucker schaumig schlagen, Apfelmus und Milch unterrühren. Mehl mit den trockenen Zutaten verrühren. Die feuchte Masse nun unterheben und alles gut miteinander verrühren. Den Teig 30 Minuten stehenlassen, damit sich die Zutaten verbinden.

Mit den Händen Kekse formen und auf ein Backbleck mit Backpapier legen. Die Kekse etwa 15 Minuten backen und anschließend auf einem Kuchengitter abkühlen lassen. Puderzucker mit dem Zitronensaft ver- rühren und die Kekse damit bestreichen. Etwas Farbe in die Mitte geben und mit einem Zahnstocher dekorativ durch den Guss ziehen, trocknen lassen. Danach nicht in Metalldosen aufbewahren, da diese Kekse zu feucht sind und sonst anfangen, zu schimmeln. Gleich genießen!

Pistazien-Kekse

Dauer: 30 min Zubereitung, 30 min quellen, 15 min backen

Zutaten für 20 Kekse:

125 ml Pflanzenmilch
100 g Marzipanrohmasse
60 g Margarine
6 EL Apfelmus
70 g Zucker
1 Päckchen Vanillezucker
100 g gemahlene Pistazien (optional gem. Mandeln)
70 g Reismehl
70 g Hafermehl (glutenfrei)
70 g Speisestärke
1 EL Flohsamenschalen
1 TL Backpulver
0,5 TL Natron
Eine Prise Salz

Den Backofen auf 150 bis 170 °C Ober- und Unterhitze vorheizen.

Milch in einem kleinen Topf auf leichter Hitze etwas erwärmen und die Marzipanmasse zerkleinert hineingeben. Mit einem Schneebesen rühren, bis sich diese aufgelöst hat. Margarine mit dem Apfelmus und der Milch verrühren. Mehl mit den trockenen Zutaten mischen. Die feuchte Masse nun unterheben und alles gut miteinander verrühren. Den Teig 30 Minuten stehenlassen, damit sich die Zutaten verbinden.

Mit den Händen Kekse formen und auf ein Backbleck mit Backpapier legen. Die Kekse etwa 15 Minuten backen und anschließend auf einem Kuchengitter abkühlen lassen. Danach nicht in Metalldosen aufbewahren, da diese Kekse zu feucht sind und sonst anfangen, zu schimmeln. Gleich genießen!

Schokocookies

Zutaten für 12 Stück

100 g Buchweizenmehl
100 g Kichererbsenmehl
100 g Schokolade geraspelt oder Schokodrops
100 g Rohrzucker
2 TL Backpulver
200 ml Pflanzenmilch

Backofen auf 200 °C vorheizen. Die Zutaten abwiegen, in einer Schüssel zu einem Teig verkneten und mit den Händen die Cookies draus formen. Auf ein mit Backpapier belegtes Blech legen und anschließend 15 Minuten im Ofen backen. Fertig!

Schokoladenkekse

Dauer: 10 min zubereiten, 12 min backen

Zutaten für 8 Kekse:

225 g Hafermehl
225 g Zucker
2 EL Chiasamen
3 - 4 Esslöffel Wasser
3 EL Margarine
1 TL Vanillepulver
1 Prise Salz
Etwas Chilipulver
175 g Halbbitterschokolade, grob gehackt

Ofen auf 175 °C Ober- und Unterhitze vorheizen und ein Backblech mit Backpapier belegen.

Die trockenen Zutaten in einer Schüssel mischen und die Schokolade unterheben. Mit einem Esslöffel den Teig löffelweise auf das vorbereitete Blech häufen. Dazwischen etwas Abstand lassen, da sie beim Backen auseinandergehen. Die Kekse 12 Minuten backen. Auf einem Kuchengitter abkühlen lassen.

Schokokekse mit Orange

Dauer: 30 min Zubereitung, 15 min backen

Zutaten für 50 Kekse:

125 g Margarine
90 g Buchweizenmehl
90 g Hafermehl (glutenfrei)
75 g Speisestärke
125 g Zucker
1 EL Sojamehl mit 2 EL Wasser verrührt
1 Prise Salz
Schale einer unbehandelten Orange
100 g Schokostreusel
4 EL Kakao mit Backkakao 1:1 gemischt

Den Backofen auf 200 °C Ober- und Unterhitze vorheizen.

Mehl abwiegen und mit den trockenen Zutaten verrühren. Die Margarine in einem kleinen ofenfesten Schälchen im heizenden Back-ofen schmelzen und zu den Zutaten geben. Das Sojamehl anrühren und hinzufügen.

Mit zwei Esslöffeln wie beim Falafelbacken kleine Häufchen formen und auf ein Blech mit Backpapier geben. Zwischen den Keksen etwas Abstand lassen, da die Kekse beim Backen auseinander gehen. Die Kekse etwa 15 Minuten backen und anschließend auf einem Kuchengitter ab-kühlen lassen. Nach dem Abkühlen in Metalldosen aufbewahren.

Spekulatius

Dauer: 30 min Zubereitung, kühlen 1h, 8 min backen

Zutaten für 30 Kekse:

60 g Buchweizenmehl
60 g Reismehl
60 g Speisestärke
1 EL Flohsamenschalen
100 g Zucker
Prise Salz
1,5 TL Spekulatiusgewürz
0,5 TL Backpulver
70 ml Pflanzenmilch
70 g Margarine
135 g gehobelte Mandeln
etwas Mehl für die Verarbeitung

Mehl, Flohsamenschalen, Zucker, Salz, Backpulver und Gewürz in einer Schüssel mischen und mit der Hälfte der Pflanzenmilch und Margarine zu einem glatten Teig kneten. Den Teig in Folie gewickelt etwa eine Stunde in den Kühlschrank stellen.

Backofen auf 200 °C Ober- und Unterhitze vorheizen. Backbleche mit Backpapier belegen und mit gehobelten Mandeln bestreuen.

Teig auf einer leicht bemehlten Arbeitsfläche bis auf etwa drei Millimeter dünn ausrollen. In Rechtecke von etwa vier mal sechs Zentimeter schneiden und auf die mit Mandeln vorbereiteten Bleche legen. Plätzchen mit der restlichen Pflanzenmilch bestreichen und etwa acht Minuten backen. Auskühlen lassen. Die Spekulatius in einer Metalldose aufbewahren.

Vanillekipferl

Zutaten für 40 Kekse:

150 g Buchweizenmehl
150 g Hafermehl (glutenfrei)
1 EL Maisstärke
150 g gemahlene Mandeln
125 g Zucker
1 Prise Salz
1 Vanilleschote
225 g weiche vegane Butter
3 EL Vanillezucker
30 g Puderzucker

Mehl, Mandeln, Stärke, 75 g Zucker und eine Prise Salz verrühren. Die Vanilleschote längs aufschneiden und das Mark herauskratzen. Vegane Butter und Vanillemark zu den trockenen Zutaten geben. Mit dem Mixer zu einem glatten Teig verrühren. Den Teig in vier gleich große Teile teilen. Die Teigstücke auf einer mit Mehl bestäubten Arbeitsfläche zu etwa 1,5 cm dicken Rollen formen. In Frischhaltefolie wickeln und mindestens 30 Minuten kalt stellen.

Den Backofen auf 180 °C Ober- und Unterhitze vorheizen.

Die Teigrollen in etwa 2 cm dicke Scheiben schneiden, diese zu Kipferln formen und auf die mit Backpapier belegten Bleche legen. 12 bis 15 Minuten backen. Den Vanille- und Puderzucker mit dem restlichen Zucker in einer Schüssel vermischen und die Kipferl vorsichtig darin wenden und auskühlen lassen. Nach dem Abkühlen in Metalldosen aufbewahren.

Weihnachts-Kekse mit Orange

Dauer: 30 min Zubereitung, 30 min kalt stellen, 15 min backen

Zutaten

50 g Reismehl
50 g Hafermehl (glutenfrei)
50 g Speisestärke
1 EL Flohsamenschalen
40 g fein gehacktes Orangeat
1 TL Backpulver
0,5 TL Natron
Eine Prise Salz
2 EL Apfelmus
50 g Zucker
40 g Margarine
50 ml Orangensaft
100 g Sojajoghurt

75 g Puderzucker
2 EL Orangenlikör (optional Orangensaft, alkoholfrei)

Den Backofen auf 150 bis 170 °C Ober- und Unterhitze vorheizen.

Mehl mit den trockenen Zutaten verrühren. Die feuchten Zutaten vermischen und mit dem Mehl gut verrühren. Den Teig 30 Minuten stehenlassen, damit sich die Zutaten verbinden.

Mit den Händen Kekse formen und auf ein Backbleck mit Backpapier legen. Die Kekse etwa 15 Minuten backen und anschließend auf einem Kuchengitter abkühlen lassen. Puderzucker mit dem Likör verrühren und die Kekse damit bestreichen. Danach nicht in Metalldosen aufbewahren, da diese Kekse zu feucht sind und sonst anfangen, zu schimmeln. Gleich genießen!

Zimtsterne

Zutaten für 20 Kekse:

200 g Haselnüsse, gemahlen
150 g Mandeln, gemahlen
200 g Zucker oder Puderzucker
1 EL Zitronensaft
1 EL Abrieb von einer unbehandelten Orange
2 TL Zimt

Guss:

3 EL Puderzucker
wenig Wasser

Alle Zutaten zu einem festen Teig verarbeiten und auf einem Backblech mit Backpapier ausrollen, Sterne oder andere Formen ausstechen und so lange fortfahren, bis der Teig aufgebraucht ist. Die Sterne nun auf dem Backblech drei bis vier Stunden antrocknen lassen.

Die Kekse nun bei 250 °C etwa 4 Minuten backen und anschließend auf einem Kuchengitter abkühlen lassen. Am nächsten Tag oder wenn die Kekse gut abgekühlt sind, den Puderzucker mit sehr wenig Wasser verrühren und mit einem Silikonpinsel auftragen. Trocknen lassen und in Metalldosen aufbewahren.

Zitronenkekse

Dauer: 30 min Zubereitung, je Blech 12-15 min backen

Zutaten für 25 Stück:

150 g gemahlene Mandeln
150 g Buchweizenmehl
75 g Rohrzucker
1 Prise Salz
Saft und Schale einer unbehandelten Zitrone
5 EL Olivenöl
3 EL Wasser

Die Mandeln mit dem Mehl, Zucker und Salz vermischen. Anschließend den Saft, den Zitronenabrieb und das Öl hinzufügen. Das Wasser untermischen. Den Teig in Form einer Kugel mit einem Teller abgedeckt in der Schüssel etwa eine Stunde im Kühlschrank kalt werden lassen.

Nun den Teig auf einer bemehlten Arbeitsfläche mit einem mit Mehl bestäubten Nudelholz etwa zwei bis drei Millimeter dick ausrollen. Nach Belieben mit einem umgedrehten Glas oder Ausstechförmchen ausstechen und auf ein Blech mit Backpapier geben.

Den Teig immer wieder neu ausrollen und ausstechen, bis er aufgebraucht ist. Die Kekse im Backofen bei 180 °C etwa 15 Minuten backen, je nachdem, ob Sie sie eher weich oder etwas härter mögen.

Muffins

Apfelmuffins

Zutaten für 12 Stück:

300 g Äpfel nach Wahl
3 EL Sesam
150 g Buchweizenmehl
150 g gemahlene Mandeln
2 TL Backpulver
2x Eiersatz nach Wahl (Ich nehme Sojamehl mit Wasser verrührt, auf 1 EL Sojamehl 2 EL Wasser.)
60 g Rohrzucker
100 ml Öl
1 EL Vanille-Puddingpulver
200 g Sojajoghurt

Die Äpfel schälen und raspeln. Die restlichen Zutaten abwiegen und mit dem Schneebesen oder einem Löffel verrühren. Den Ofen auf 180 °C Ober- und Unterhitze vorheizen, das Muffinblech gut einfetten, am besten mit etwas Rapsöl und einem Silikonpinsel.

Den Teig auf die Mulden verteilen und das Blech auf die zweite Schiene von unten schieben. Die Muffins brauchen etwa 25 Minuten. Stäbchen-probe machen und eventuell etwas länger im Ofen lassen.

Die Muffins etwas abkühlen lassen und anschließend vorsichtig aus den Mulden lösen. Auf einem Kuchengitter abkühlen lassen.

Wenn die Muffins gut abgekühlt sind, kann man sie noch mit etwas Zart-bitterkuvertüre verzieren. Dafür die Kuvertüre in einer kleinen beschich-teten Pfanne vorsichtig schmelzen lassen und mit einem Silikonpinsel gleichmäßig auf den Muffins verteilen, erhärten lassen.

Birnen-Schoko-Muffins

Dauer: 25 min Zubereitung, 25 min backen

Zutaten für 12 Stück:

2 Birnen
100 ml Weißwein
200 g Zucker
2 EL Zitronensaft
1 TL gemahlene Vanille
200 g Zartbitterschokolade
150 g Margarine
3 EL Apfelmus
60 g Reismehl
60 g Buchweizenmehl
50 g Speisestärke
1 TL Backpulver
1 EL Kakaopulver

Die Birnen waschen, trockentupfen, vierteln und entkernen, kleinschneiden. Den Wein in einem kleinen Topf erhitzen, 100 g Zucker, den Zitronensaft und das Vanillepulver dazugeben und die Birnen fünf Minuten köcheln. Birnen rausnehmen und den Sud einkochen, bis ein Sirup entstanden ist.

Den Backofen auf 180 °C vorheizen, Muffinblech einfetten. Margarine und Schokolade einschmelzen und mit dem Apfelmus verrühren. Mehl mit Backpulver, Kakao und restlichem Zucker mischen und zusammen mit der Schokoladenmasse zu einem Teig verarbeiten. Birnen unterheben.

Teig in die Muffinformen geben, 20 bis 25 Minuten backen, etwas abkühlen lassen und vorsichtig aus den Mulden lösen. Auf einem Kuchengitter abkühlen lassen. Wenn die Muffins gut abgekühlt sind, mit dem Sud bestreichen.

Chai-Espresso-Muffins

Dauer: 25 min Zubereitung, 25 min backen

Zutaten für 12 Stück:

60 g Reismehl
60 g Hafermehl
60 g Speisestärke
50 g gemahlene Mandeln
60 g Zucker
1 EL Chai-Tee
1 TL Backpulver
100 ml Pflanzenmilch
20 g Margarine
2 EL Espresso

50 g Zartbitterschokolade
30 g Nougat

Backofen auf 180 °C vorheizen und das Muffinblech mit Margarine ausstreichen. Die trockenen Zutaten abwiegen und mischen. Die Pflanzenmilch mit der Margarine und dem Espresso verrühren und zum Mehl geben, gut miteinander vermengen.

Teig in die Muffinformen geben, 20 bis 25 Minuten backen, etwas abkühlen lassen und vorsichtig aus den Mulden lösen. Auf einem Kuchengitter abkühlen lassen. Wenn die Muffins gut abgekühlt sind, die Schokolade schmelzen lassen, die Muffins damit bestreichen und die Glasur fest werden lassen.

Schoko-Muffins

Zutaten für 12 Stück:

1 reife Banane
125 g Kichererbsenmehl
125 g Buchweizenmehl
50 g Rohrzucker
25 g Kakaopulver
40 g geraspelte Schokolade
1 Packung Backpulver
150 ml Wasser
Rapsöl für die Form

Die Banane schälen und in einer Schüssel mit der Gabel zerdrücken.

Die restlichen Zutaten abwiegen und mit dem Schneebesen verrühren. Den Ofen auf 200 °C Ober- und Unterhitze vorheizen, das Muffinblech gut einfetten, am besten mit etwas Rapsöl und einem Silikonpinsel.

Den Teig auf die Mulden verteilen und das Blech auf die zweite Schiene von unten schieben. Die Muffins brauchen etwa 25 Minuten. Stäbchenprobe machen und eventuell etwas länger im Ofen lassen.

Die Muffins etwas abkühlen lassen und anschließend vorsichtig aus den Mulden lösen. Auf einem Kuchengitter abkühlen lassen.

Diese Muffins habe ich mit Kichererbsenmehl gemacht und natürlich Buchweizenmehl. Auf diese Weise sind sie gesund und man darf auch zwei oder drei davon essen.

Zitronen-Muffins

Dauer: 20 min zubereiten, 30 min backen

Zutaten für 12 Stück:

150 g Hafermehl
100 g Haferkleie
250 g Margarine
200 g Zucker
3x Eiersatz nach Wahl
1 Pck. Backpulver
2 Bio-Zitronen, davon Saft und Abrieb

Die Margarine schmelzen lassen und mit trockenen Zutaten vermischen. Die Mulden der Muffinform gut einfetten und den Teig auf die Muffin-form verteilen.

Den Backofen auf 180 °C Ober- und Unterhitze vorheizen und die Muf-fins etwa 30 Minuten auf der untersten Schiene backen. Muffins aus dem Ofen holen, etwas abkühlen lassen, aus den Formen heben und auf dem Kuchengitter auskühlen lassen.

Quellenangabe

1) Siegernahrung: Glutenfreie Ernährung für Höchstleistung von Novak Djokovic

2) Schuppan (Hrsg.). (2018). Zöliakie. In Tägliches Brot: Krank durch Weizen, Gluten und ATI (S. 39). Springer Medizin Verlag. https://doi.org/10.1007/978-3-662-56044-0

3) Schuppan (Hrsg.). (2018). Zöliakie. In Tägliches Brot: Krank durch Weizen, Gluten und ATI (S. 37). Springer Medizin Verlag. https://doi.org/10.1007/978-3-662-56044-0

4) Schuppan (Hrsg.). (2018). Weizen, Gluten, ATI: Eine Einführung. In Tägliches Brot: Krank durch Weizen, Gluten und ATI (S. 9). Springer Medizin Verlag. https://doi.org/10.1007/978-3-662-56044-0

5) Biesalski, Hans Konrad; Bischoff, Stephan C.; Pirlich, Matthias; et al.(Hrsg.). (2018). Lebensmittelkunde. In Ernährungsmedizin, Nach dem Curriculum Ernährungsmedizin der Bundesärztekammer (S. 275). Georg Thieme Verlag KG. DOI: 10.1055/b-004-132260

6) Biesalski, Hans Konrad; Bischoff, Stephan C.; Pirlich, Matthias; et al.(Hrsg.). (2018). Lebensmittelkunde. In Ernährungsmedizin, Nach dem Curriculum Ernährungsmedizin der Bundesärztekammer (S. 275). Georg Thieme Verlag KG. DOI: 10.1055/b-004-132260

7) Leiß O Glutenfreie Ernährung bei Zöliakie: Ist Hafer erlaubt?, Aktuelle Ernährungsmedizin 2003; 28: 385 - 395, Georg Thieme Verlag Stuttgart- New York

8) Leiß O Glutenfreie Ernährung bei Zöliakie: Ist Hafer erlaubt?, Aktuelle Ernährungsmedizin 2003; 28: 385 - 395, Georg Thieme Verlag Stuttgart- New York

Bildnachweis

Über die Autorin

Katrin Luber arbeitete viele Jahre als freie Journalistin für regionale Tageszeitungen in Niedersachsen und Nordrhein-Westfalen. Irgendwas mit Medien arbeitete sie anschließend in einer Werbeagentur.

Nach der Umstellung auf eine vegane Ernährung im Oktober 2014 verschwanden zahlreiche Wehwehchen und Zivilisationskrankheiten wie Arthrose, Menstruationsschmerzen, Heuschnupfen und Reflux von alleine.

Ein paar Jahre später ernährte sie sich anderthalb Jahre lang vegan und getreidefrei, wonach auch die Schilddrüsenunterfunktion verschwand.

Deshalb gründete sie 2015 ihren Blog „Ist das vegan oder kann das weg?" und spezialisierte sich dort auf die Themen vegane Ernährung und Medizin. Sie besucht internationale Konferenzen wie die VegMed in Berlin und schreibt über aktuelle Studien zu verschiedenen Themen im Bereich Ernährung.

In den nächsten Monaten werden weitere Bücher zu verschiedenen medizinischen Themen folgen.

ISTDASVEGAN.EU

Weitere Bücher

Von mir sind in der Reihe „Kochen und Backen mit" bereits erschienen:

Kochen und Backen mit Buchweizen: Glutenfrei und vegan schlemmen mit dem Traditionskorn Buchweizen.
ISBN: 9783752666939

Kochen und Backen mit Hafer: Glutenfrei und vegan schlemmen mit dem Powerkorn Hafer.
ISBN: 9783754304853

Im ersten Buch gehe ich vor allem auf die verschiedenen Formen der Getreideunverträglichkeiten und die Machenschaften der Backwarenindustrie ein und erläutere die Gründe dafür, warum viele Menschen heutzutage immer weniger Backwaren vertragen, wissenschaftlich begründet und abseits von Weizenwampe und anderen Büchern.

Leser finden hier aber vor allem leckere Rezepte für eine glutenfreie und vegane gesunde Ernährung ohne Fertigmehle der diversen Anbieter, die wieder viele Zusatzstoffe enthalten.

Übrigens können alle Rezepte aus dem ersten Buch Kochen und Backen mit Buchweizen auch problemlos mit Haferprodukten umgesetzt werden und umgekehrt. Es lohnt sich also, beide Bücher zu haben, denn ich habe natürlich viele klassische Rezepte nicht in diesem Buch nochmal aufgeführt, nur ein paar. Die Rezepte in diesem Buch sind aus den beiden Büchern zusammengestellt.

In dieser Reihe sind noch viele Bücher geplant.

Im Sommer 2022 kam das Buch Low Budget-Rezepte vegan & glutenfrei heraus, in dem ich die glutenfreie Küche für Anfänger erkläre und Tipps für einen günstigen Einkauf sowie Lagerung von Lebensmitteln gebe.

Wenn Sie an mehr Informationen zu gesunder Ernährung interessiert sind, dann melden Sie sich doch einfach zu meinem Newsletter auf dem Blog Istdasvegan.eu an. Dort finden Sie auch regelmäßig neue Blogbeiträge.

Auf Facebook, Instagram, TikTok und YouTube teile ich Videos, in denen ich wertvolle Tipps gebe sowie Rezepte zeige. Auch auf Pinterest bin ich zu finden.